Hartl
Umsatzsteuer visuell

# Zusätzliche digitale Inhalte für Sie!

**Dieses Buch bietet Ihnen mehr als nur eine gedruckte Version! Nutzen Sie die folgenden Möglichkeiten, die Ihnen für dieses Produkt in der NWB Datenbank zur Verfügung stehen.**

Online-Version

Sie haben das gedruckte Exemplar Ihres Buches nicht zur Hand oder möchten etwas schnell recherchieren? Dann nutzen Sie die Online-Version Ihres Buches. Diese steht Ihnen nach Eingabe des folgenden Freischaltcodes direkt zur Verfügung.

**Schalten Sie sich Ihre digitalen Mehrwerte direkt frei:**

Scannen Sie den QR-Code **oder** rufen Sie die Seite www.nwb.de auf.
Geben Sie den Freischaltcode ein und folgen Sie dem Anmeldedialog. Fertig!

**Ihr Freischaltcode**

PIAY-YCWX-HSTN-YPCX-TVTE-P

www.nwb.de

Steuerfachkurs · Training

# Umsatzsteuer visuell

## Gesetzessystematik und Zusammenhänge in Schaubildern

Von
Regierungsrat Thomas Hartl
Dozent am Fachbereich Finanzwesen an der
Hochschule für den öffentlichen Dienst in Bayern

7., überarbeitete und aktualisierte Auflage

nwb AUSBILDUNG

Bildnachweis des Umschlags: © George Doyle/Stockbyte via Getty Images

ISBN 978-3-482-**54447**-7 – 7., überarbeitete und aktualisierte Auflage 2026



NWB Verlag GmbH & Co. KG
Eschstr. 22
44629 Herne
service@nwb.de



Satz: PMGi Agentur für intelligente Medien GmbH, Hamm
Druck: Blömeke-Druck SRS GmbH, Herne

Um eine gute Lesbarkeit zu gewährleisten, verwenden wir in Fachtexten in der Regel geschlechtsspezifische Personenbezeichnungen. Selbstverständlich sind damit alle Menschen gleichermaßen gemeint.

Druckprodukt mit finanziellem
**Klimabeitrag**
ClimatePartner.com/16605-2105-1001

Besuchen Sie **Climate-Partner.com/16605-2105-1001** oder scannen Sie den QR-Code, um mehr über unsere Druckprodukte mit finanziellem Klimabeitrag zu erfahren.

# VORWORT

Eine große Hilfe zum besseren Verständnis von Lernstoff ist die Visualisierung. Daher haben Verfasser und Verlag den vorliegenden Band *Umsatzsteuer visuell* konzipiert. Denn das Umsatzsteuerrecht ist eins der wichtigsten und zugleich kompliziertesten Steuerrechtsgebiete, die man sich als angehender Steuerberater, Diplom-Finanzwirt oder Steuerfachwirt erarbeiten muss.

Anhand von 23 Schaubildern werden der Stoff didaktisch aufbereitet, systematisch geordnet vorgestellt und gleichzeitig die rechtlichen Zusammenhänge deutlich gemacht. Literaturhinweise auf das *Lehrbuch Umsatzsteuer* erleichtern dabei das tiefere Eindringen in die jeweilige Rechtsmaterie.

Die Schaubilder dienen der Veranschaulichung und erleichtern das rasche Verstehen des zu erarbeitenden Stoffes. Weitergehende Studien mit Lehrbuch und Fallsammlung können sie nicht vollständig ersetzen; sie sind jedoch hervorragend als Begleitmaterial für Präsenzkurse und als Überblick über das für Ausbildung und Praxis erforderliche Wissen geeignet.

Der vorliegende Band ist eingebettet in den *Steuerfachkurs Umsatzsteuer*, der neben dieser Schaubildsammlung aus dem in Lehrbuch und einer Fallsammlung besteht.

Der Verfasser des Bandes *Umsatzsteuer visuell* verfügt über eine langjährige Unterrichtserfahrung in der Ausbildung angehender Finanzbeamter und Juristen (Rechtsreferendare und Fachanwälte für Steuerrecht).

Für Anregungen und Hinweise sind wir stets sehr verbunden.

Die Schaubilder entsprechen dem Rechtsstand 1. 11. 2025.

Untermeitingen/Herne
im November 2025

*Thomas Hartl*
*und Verlag*

# VERZEICHNIS DER SCHAUBILDER

# ABKÜRZUNGSVERZEICHNIS

| | |
|---|---|
| AG | Aktiengesellschaft |
| AO | Abgabenordnung |
| BGB | Bürgerliches Gesetzbuch |
| EuGH | Europäischer Gerichtshof |
| EUSt | Einfuhrumsatzsteuer |
| gem. | gemäß |
| GmbH | Gesellschaft mit beschränkter Haftung |
| HGB | Handelsgesetzbuch |
| i. S. v. | im Sinne von |
| i. V. m. | in Verbindung mit |
| insb. | insbesondere |
| LStDV | Lohnsteuerdurchführungsverordnung |
| Nr. | Nummer |
| Rdn. | Randnummer |
| USt | Umsatzsteuer |
| UStDV | Umsatzsteuerdurchführungsverordnung |
| UStG | Umsatzsteuergesetz |
| UStId-Nr. | Umsatzsteueridentifikationsnummer |
| vgl. | vergleiche |
| VoSt | Vorsteuer |
| WG | Wirtschaftsgut |
| z. B. | zum Beispiel |

## Die Systematik des geltenden USt-Rechts

Allphasen-Netto-Umsatzsteuer mit Vorsteuerabzug

| | | | |
|---|---|---|---|
| Netto | 100 € | 200 € | 300 € |
| USt | 19 € | 38 € | 57 € |
| Brutto | 119 € | 238 € | 357 € |

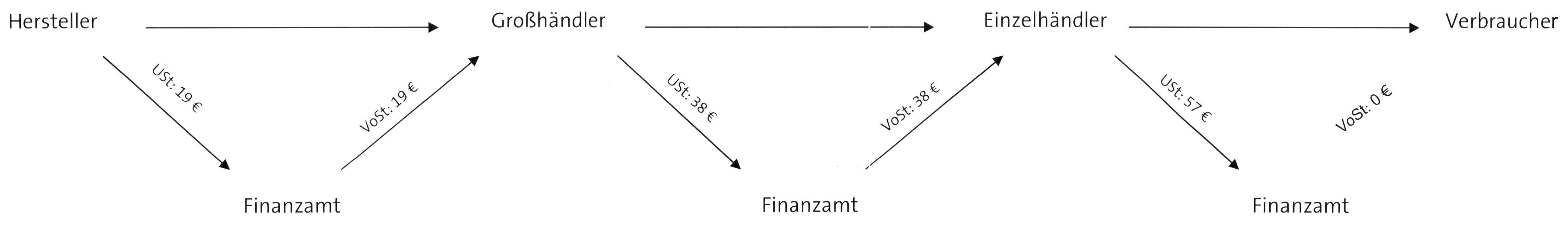


| | | | | | |
|---|---|---|---|---|---|
| USt-Schuld Hersteller: 19 – 0 = | 19 € | Großhändler: 38 – 19 = | 19 € | Einzelhändler: 57 – 38 = | 19 € |
| Wirtschaftlich: | 0 € | | 0 € | | 57 € |

| | | |
|---|---|---|
| *Indirekte Steuer:*<br>Steuerschuldner und Steuerträger sind nicht identisch. | *Verkehrsteuer:*<br>Anknüpfungspunkt:<br>Akte des Wirtschaftsverkehrs. | *Verbrauchsteuercharakter:*<br>Sinn und Zweck:<br>Belastung des nichtunternehmerischen Endverbrauchs. |
| *Kostenneutral für Unternehmer:*<br>Abwälzung der USt auf Leistungsempfänger und gleichzeitiger VoSt-Abzug des Unternehmers führen zu Kostenneutralität. | *Realisierung auf Endstufe:*<br>Kein VoSt-Abzug für nichtunternehmerischen Endverbraucher. | *Mehrwertsteuer:*<br>Volle Besteuerung des Ausgangsumsatzes bei gleichzeitigem VoSt-Abzug führen im Ergebnis zur Besteuerung des „Mehrwerts". |

Schaubild 2

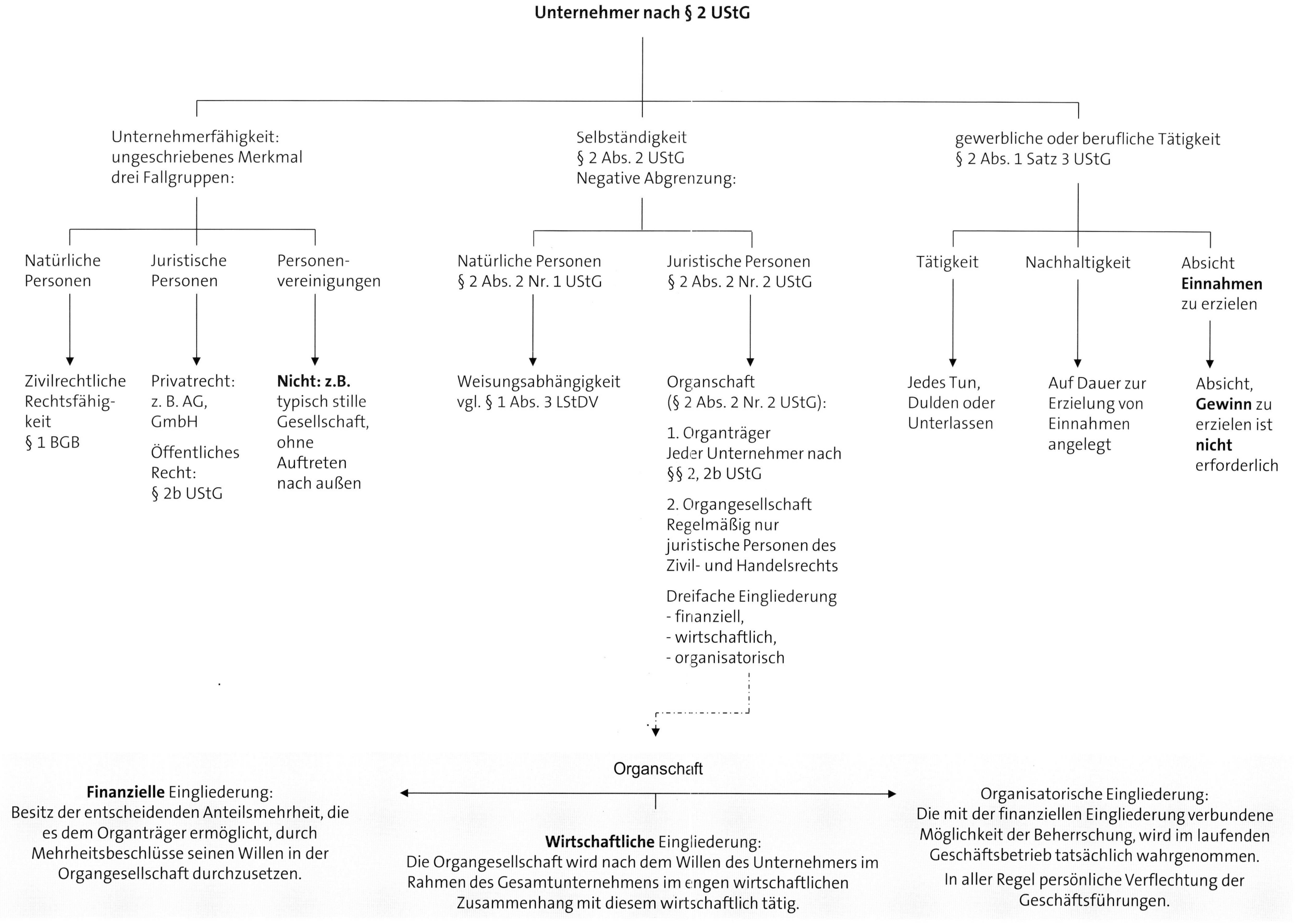


Literaturhinweis: Lehrbuch Umsatzsteuer, Rdn. 301-337

# Die steuerbaren Umsätze
§ 1 Abs. 1 UStG

- Tatbestand der Leistung
  § 1 Abs. 1 Nr. 1 UStG
  - Leistungen gegen Entgelt
    - Lieferungen
      § 3 Abs. 1 UStG
      - Werklieferungen
        § 3 Abs. 4 UStG
    - Sonstige Leistungen
      § 3 Abs. 9 UStG
      - Werkleistungen
        i. V. m. Abs. 4
  - Unentgeltliche Wertabgaben
    - in Form von Lieferungen
      § 3 Abs. 1b UStG
      - Nr. 1:
        Außerunternehmerische Zwecke
      - Nr. 2:
        Zuwendungen an das Personal
      - Nr. 3:
        Unternehmerische Zwecke
    - in Form von sonstigen Leistungen
      § 3 Abs. 9a UStG
      - Nr. 1:
        Verwendung von Gegenständen
      - Nr. 2:
        andere sonstige Leistungen
      - → jeweils für außerunternehmerische Zwecke oder für den privaten Bedarf des Personals
- Tatbestand der Einfuhr
  § 1 Abs. 1 Nr. 4 UStG
- Innergemeinschaftlicher Erwerb
  § 1 Abs. 1 Nr. 5 UStG

Tatbestand der Leistung:

- Begriff der Leistung: jede Tätigkeit; jedes positive oder negative Verhalten; jedes Tun, Dulden oder Unterlassen alles, was Gegenstand eines Rechtsverkehrs sein kann
  - → Aber nur: Leistungen im wirtschaftlichen Sinn: Leistungen, bei denen ein über die reine Entgeltsentrichtung hinausgehendes, eigenes wirtschaftliches Interesse verfolgt wird
  - → Leistungswille: § 1 Abs. 1 Nr. 1 Satz 2 UStG (Umkehrschluss)
- Grundlagen der Leistung: In der Regel zivilrechtliche Schuldverhältnisse
- Entscheidend für Besteuerung: Erfüllungsgeschäft, die tatsächlich bewirkte Leistung

## Leistungsaustausch nach § 1 Abs. 1 Nr. 1 UStG
## Leistung gegen Entgelt

**Zwei verschiedene Beteiligte**

- Leistender und Leistungsempfänger dürfen nicht identisch sein.
- Nicht erfüllt bei Innenumsätzen:
  - Umsätze zwischen verschiedenen Teilen des einheitlichen Unternehmens, § 2 Abs. 1 Satz 1 UStG
  - Umsätze innerhalb eines Organkreises (Organschaft, § 2 Abs. 2 Nr. 2 UStG)

**Leistung und Gegenleistung**

- Gegenleistung besteht in der Regel aus Geld, kann aber auch aus einer anderen Leistung bestehen: Tauschgeschäfte, § 3 Abs. 12 UStG.
- Echte Schenkung:
  d. h. keine Gegenleistung
  → kein Leistungsaustausch
  **Beachte:**
  Evtl. steuerbar als unentgeltliche Wertabgabe § 3 Abs. 1b bzw. Abs. 9a UStG
- Unechte oder gemischte Schenkung:
  Verbilligte Wertabgabe, d. h. Gegenleistung vorhanden
  **Beachte:**
  Mindestbemessungsgrundlage, § 10 Abs. 5 UStG

**Wechselseitiger Zusammenhang**

- Voraussetzung:
  - unmittelbarer, nicht aber innerer Zusammenhang, zwischen Leistung und Entgelt.
  - immer bei gegenseitigen Verträgen.
- Unschädlich:
  - Entgeltserwartung erfüllt sich nicht.
  - Entgelt wird uneinbringlich.
  - Entgelt mindert sich nachträglich.
- Nicht erforderlich:

  Gleichwertigkeit zwischen Leistung und Gegenleistung (vgl. unechte Schenkung).
- Leistungsaustausch umfasst auch freiwillige Zahlungen.
- Nicht bei Schadensersatz:

  Wird nicht um der Leistung willen erbracht, sondern weil Schädiger nach Gesetz oder Vertrag für Schaden einzustehen hat.
- Vertragsstrafen haben Schadensersatzcharakter.

Alle drei Voraussetzungen müssen gleichzeitig vorliegen.

# Lieferung gem. § 3 Abs. 1 UStG
# Verschaffung der Verfügungsmacht an einem Gegenstand

## Gegenstände i. S. d. § 3 Abs. 1 UStG

*Körperliche Gegenstände*

- Sachen gem. § 90 BGB
  - unbewegliche Sachen
    z. B. Grundstücke, Gebäude;
  - bewegliche Sachen
    z. B. Waren, Rohstoffe, Pflanzen;
  - flüssige und gasförmige Sachen.
- Tiere gem. § 90a BGB.

*Sachgesamtheiten*

Zusammenfassung mehrerer selbständiger Gegenstände zu einem einheitlichen Ganzen, das wirtschaftlich als ein anderes Verkehrsgut angesehen wird als die Summe der einzelnen Gegenstände.
Indiz: eigener Name,
z. B. Kaffeeservice, Geschenkkorb, Briefmarkensammlung, Warenlager, Fertighaus.

*Sonstige Wirtschaftsgüter*

Wirtschaftsgüter, die im Wirtschaftsverkehr wie körperliche Gegenstände behandelt werden,
z. B. Elektrischer Strom, Wärme, Wasserkraft.

## Verschaffung der Verfügungsmacht

*Verfügungsmacht*

umfassende Herrschaftsmacht,
Stellung „wie ein Eigentümer" (vgl. § 903 BGB).

*Verschaffung der Verfügungsmacht*

Vorgang vorwiegend tatsächlicher Natur,
Übertragung der tatsächlichen Herrschaftsmacht am Liefergegenstand.

*Regelfall*

Verschaffung der Verfügungsmacht stimmt i. d. R. mit dem bürgerlich-rechtlichen Eigentumsübergang überein (insb. §§ 929, 930, 931 BGB;
§§ 444, 475c HGB).

*Ausnahmen*

- Verschaffung der Verfügungsmacht ohne Eigentumsübertragung (vgl. § 39 Abs. 2 Nr. 1 Satz 1 AO) oder späterer Eigentumsübertragung,

  z. B.

  unbewegliche Gegenstände:
  - Eigentum: §§ 925, 873 BGB: Auflassung und Eintragung,
  - Verschaffung der Verfügungsmacht: Übergang Nutzen und Lasten.

  Verkauf unter Eigentumsvorbehalt:
  - Eigentum: §§ 455, 929, 158 Abs. 1 BGB,
  - Verschaffung der Verfügungsmacht: mit Übergabe.

  Unwirksame Übereignungen
  z. B. §§ 104, 105, 134, 138 BGB.

  Verschaffung der Verfügungsmacht:
  mit Übergabe.

- Eigentumsübertragungen
  ohne Verschaffung der Verfügungsmacht,
  z. B. Sicherungsübereignung: § 39 Abs. 2 Nr. 1 Satz 2 AO.

**Literaturhinweis:** Lehrbuch Umsatzsteuer, Rdn. 126 – 159

# Ort der Lieferung
# § 3 Abs. 5a UStG

**Grundsatz**
**Bewegte Lieferung**
**(§ 3 Abs. 6 UStG)**

Befördern oder Versenden durch Lieferer, Abnehmer oder beauftragten Dritten

***Beförderungslieferung***
***(§ 3 Abs. 6 Satz 2 UStG)***
Jede Fortbewegung eines Gegenstandes durch Lieferer, Abnehmer oder beauftragten Dritten

*Versendungslieferung*
*(§ 3 Abs. 6 Satz 3 UStG)*
Beförderung durch selbständigen Beauftragten (z. B. Spediteur)

*Lieferort*
*(§ 3 Abs. 6 Satz 1 UStG)*
Beginn der Warenbewegung

***Beachte:***

„Beauftragter Dritter" ist z. B. ein Dienstleister (Lohnveredelungsunternehmer oder Lagerhalter) oder ein Verkaufskommissionär (zu unterscheiden von „selbständige Beauftragte", s. o.).

Abnehmer muss bei Beginn der Warenbewegung feststehen. Wenn nicht: rechtsgeschäftsloses Verbringen z. B. zu Verkaufsmesse oder Auktion.

Der Gegenstand der Lieferung muss transportiert werden. Er darf nach Beginn der Warenbewegung keiner Behandlung mehr unterzogen werden, die seine Marktgängigkeit ändert.

**Ausnahme**
**Ruhende Lieferung**
**(§ 3 Abs. 7 Satz 1 UStG)**

Alle „nicht bewegten" Lieferungen, insbesondere Übergabesurrogate
(§§ 929 Satz 2, 930, 931 BGB;
§§ 444, 475c HGB), Grundstückslieferungen, Werklieferungen in Zusammenhang mit Grundstücken, Lieferungen im Kommissionsgeschäft

*Lieferort*
*(§ 3 Abs. 7 Satz 1 UStG)*
Dort, wo sich der Gegenstand zur Zeit der Verschaffung der Verfügungsmacht befindet

**Sonderfall**
**Innergemeinschaftlicher Fernverkauf (§ 3c UStG)**
**(Versandhandelsregelung)**

Details dazu siehe nächste Seite

**Sonderfall**
**Reihengeschäft (§ 3 Abs. 6a UStG)**

Details dazu siehe nächste Seite

**Sonderfall**
**Einfuhr (§ 3 Abs. 8 UStG)**

Details dazu siehe nächste Seite

# Sonderfälle

**Sonderfall**
**Innergemeinschaftlicher Fernverkauf (§ 3c UStG)**
**(Versandhandelsregelung) (an 1.7.2021)**

Besondere (von § 3 Abs. 6 – 8 UStG abweichende) Regelung für den Lieferort.

*Voraussetzungen*
1. Innergemeinschaftlicher Fernverkauf (§ 3c Abs. 1 Satz 2 UStG)
   - Beförderung/Versendung (§ 3 Abs. 6 UStG) durch Lieferer oder für dessen Rechnung
   - Von einem Mitgliedstaat in einen anderen Mitgliedstaat.
2. Erwerber im Sinne des § 3c Abs. 1 Satz 2 UStG ist nach § 3c Abs. 1 Satz 3 UStG
   - ein in § 3a Abs. 5 Satz 1 UStG bezeichneter Empfänger oder
   - eine in § 1a Abs. 2 Nr. 1 UStG genannte Peron, die weder die maßgebende Erwerbschwelle überschreitet, noch auf ihre Anwendung verzichtet.
3. Ausschlusstatbestand (§ 3c Abs. 4 Satz 1 UStG)
   Umsatzschwelle von 10,000 € für nur in einem EU-Mitgliedstaat ansässige liefernde Unternehmer wird im vorangegangenen oder im laufenden Kalenderjahr nicht überschritten.

*Folge*
Die Lieferung gilt dort als ausgeführt, wo die Beförderung/Versendung endet.

*Option (§ 3c Abs. 4 Satz 2 und 3 UStG)*
Der Leistende Unternehmer kann auf die Anwendung von § 3c Abs. 4 Satz 1 UStG verzichten.

*Ausnahmen (§ 3c Abs. 5 UStG)*
- Abs. 1 bis 3 gelten nicht für die dort genannten Lieferungen, insbesondere für die Lieferung neuer Fahrzeuge (Abs. 5 Satz 1 Nr. 1).
- Bei der Lieferung verbrauchsteuerpflichtiger Waren gelten die Abs. 1 bis 3 nicht für Lieferungen an eine in § 1a Abs. 3 Nr. 1 UStG genannte Person (§ 3c Abs. 5 Satz 2 UStG).

***Sonderfall (§ 3c Abs. 2 und 3 UStG)***
**Als Fernverkäufe sind auch die dort genannten Warenbewegungen aus einem Drittland in das Gemeinschaftsgebiet zu behandeln.**

**Sonderfall**
**Reihengeschäft (§ 3 Abs. 6a UStG)**

*Voraussetzungen*
- Mehrere Unternehmer (mind. drei Beteiligte, wobei der letzte Abnehmer auch Nichtunternehmer sein kann),
- schließen über denselben Gegenstand Liefergeschäfte ab.
- Gegenstand gelangt unmittelbar vom ersten Unternehmer in der Reihe an letzten Abnehmer.

*Folgen*
- Lieferungen finden nacheinander statt.
- Warenbewegung ist nur einer Lieferung zuzuordnen (§ 3 Abs. 6a Satz 1 UStG):
  - Transport durch ersten Unternehmer: Warenbewegung ist seiner Lieferung zuzuordnen (§ 3 Abs. 6a Satz 2 UStG).
  - Transport durch letzten Abnehmer: Warenbewegung ist Lieferung an ihn zuzuordnen (§ 3 Abs. 6a Satz 3 UStG).
  - Transport durch einen Lieferer, der zugleich Abnehmer ist (Zwischenhändler):
    a) widerlegbare Vermutung: Lieferung an ihn ist bewegte Lieferung (§ 3 Abs. 6a Satz 4 1. Alt. UStG),
    b) bei entsprechenden Nachweis (§ 3 Abs. 6a Satz 5 bis 7 UStG): Lieferung durch ihn (§ 3 Abs. 6a Satz 4 2. Alt. UStG).
- Ort dieser bewegten Lieferung: Beginn der Warenbewegung (§ 3 Abs. 6 Satz 1 UStG)
- Alle anderen Lieferungen sind ruhende Lieferungen. Diese finden entweder vor oder nach der bewegten Lieferung statt. Ort dieser ruhenden Lieferung: Beginn der Warenbewegung (§ 3 Abs. 7 Satz 2 Nr. 1 UStG) oder Ende der Warenbewegung (§ 3 Abs. 7 Satz 2 Nr. 2 UStG).

**Sonderfall**
**Einfuhr (§ 3 Abs. 8 UStG)**

*Voraussetzungen*
- Bewegte Lieferung im Sinne von § 3 Abs. 6 UStG
- Einfuhr aus Drittlandsgebiet ins Inland
- Lieferer bzw. dessen Beauftragter ist Schuldner der Einfuhrumsatzsteuer (§ 1 Abs. 1 Nr. 4 UStG).

*Folge*
Lieferort wird ins Inland verlagert.

# Ort der sonstigen Leistung

## Grundsatz: § 3a Abs. 1 UStG: Sitzort des leistenden Unternehmers

### Ausnahmen

**Leistungsort nach § 3a Abs. 2 UStG: Sitzort des Leistungsempfängers**
Gilt **abweichend von § 3a Abs. 1 UStG**, wenn Leistung **an Unternehmer für dessen Unternehmen** ausgeführt wird.
Diesen Unternehmern gleichgestellt sind nach Satz 3 ausschließlich nichtunternehmerisch tätige juristische Personen, denen eine UStId-Nr. erteilt worden ist und juristische Personen, die sowohl unternehmerisch als auch nicht unternehmerisch tätig sind.

**Leistungsorte nach § 3a Abs. 3 UStG:**
Gelten **abweichend von § 3a Abs. 1 und 2 UStG** und **gehen den Leistungsorten nach § 3a Abs. 4 UStG vor**

| **Belegenheitsort, § 3a Abs. 3 Nr. 1 UStG** | **Ort der tatsächlichen Zurverfügungstellung, § 3a Abs. 3 Nr. 2 Satz 1 UStG** | **Ort der tatsächlichen Leistungserbringung, § 3a Abs. 3 UStG** | **Ort der tatsächlichen Leistungserbringung, § 3a Abs. 3 UStG** | **Umsatzort, § 3a Abs. 3 Nr. 4 UStG** |
|---|---|---|---|---|
| → Sonstige Leistungen im engen Zusammenhang mit einem Grundstück:<br>– d. h. sonstige Leistungen, die sich überwiegend auf die Bebauung, Verwertung, Nutzung oder Unterhaltung des Grundstücks selbst beziehen.<br>– insbes. Regelbeispiele a) bis c)<br>⇨ Leistungsort ist dort, wo Grundstück liegt | Kurzfristige Vermietung von Beförderungsmitteln<br>– kurzfristig § 3a Abs. 3 Nr. 2 Satz 2 UStG:<br>a) Wasserfahrzeuge nicht mehr als 90 Tage<br>b) andere Beförderungsmittel nicht mehr als 30 Tage<br><br>Sitzort des Leistungsempfängers, § 3a Abs. 3 Nr. 2 Satz 3 UStG:<br>– Nicht kurzfristige Vermietung von Beförderungsmitteln.<br><br>Voraussetzung:<br>Empfänger ist weder Unternehmer, für dessen Unternehmen die Leistung bezogen wird, noch eine nicht unternehmerisch tätige juristische Person, der eine UStId-Nr. erteilt worden ist.<br><br>Ort der tatsächlichen Zurverfügungstellung, § 3a Abs. 3 Nr. 2 Satz 4 UStG:<br>– Beförderungsmittel im Sinne von § 3a Abs. 3 Satz 3 UStG ist Sportboot. | → **Nr. 3 UStG**<br>– **kulturelle, künstlerische** etc. Leistungen<br>– Leistungen der Veranstalter<br>– damit zusammenhängende Tätigkeiten<br>Voraussetzung: Empfänger ist weder Unternehmer, für dessen Unternehmen die Leistung bezogen wird, noch eine nicht unternehmerisch tätige juristische Person, der eine UStId-Nr. erteilt worden ist.<br><br>→ **Ausnahme:**<br>Leistung wird per Streaming übertragen oder auf andere Weise virtuell verfügbar gemacht: Sitzort des Leistungsempfängers, § 3a Abs. 3 Nr. 3 Satz 2 UStG | → Nr. 3a a) UStG:<br>– **Restaurationsleistungen**<br>Ausnahmen:<br>Abgabe an Bord eines Schiffes, in Luftfahrzeug oder Eisenbahn während Beförderung im Gemeinschaftsgebiet (dann § 3e UStG)<br><br>→ Nr. 3a b) UStG:<br>– **Arbeiten** (insbes. Werkleistungen) an beweglichen körperlichen Gegenständen<br>– **Begutachtung** dieser Gegenstände<br>Voraussetzung:<br>Empfänger ist weder Unternehmer, für dessen Unternehmen die Leistung bezogen wird, noch eine nicht unternehmerisch tätige juristische Person, der eine UStId-Nr. erteilt worden ist. (ansonsten § 3a Abs. 2 UStG) | → **Vermittlungsleistungen:**<br>Ort der Vermittlungsleistung ist dort, wo der vermittelte Umsatz ausgeführt wird.<br>Voraussetzung:<br>Empfänger ist weder Unternehmer, für dessen Unternehmen die Leistung bezogen wird, noch eine nicht unternehmerisch tätige juristische Person, der eine UStId-Nr. erteilt worden ist. (ansonsten § 3a Abs. 2 UStG)<br>→ **Ausnahme:**<br>Vermittlung von Grundstücksumsätzen:<br>Belegenheitsort, § 3a Abs. 3 Nr. 1 UStG<br>**Veranstaltungsort, § 3a Abs. 3 Nr. 5 UStG**<br><br>→ Einräumung der Eintrittsberechtigung zu kulturellen, künstlerischen etc. Veranstaltungen<br>→ Die damit zusammenhängenden Leistungen.<br>Voraussetzung:<br>Empfänger ist Unternehmer, für dessen Unternehmen die Leistung bezogen wird oder eine nicht unternehmerisch tätige juristische Person, der eine UStId-Nr. erteilt worden ist.<br>→ **Ausnahme:**<br>Wenn mit Eintrittsberechtigung virtuelle Teilnahme an der Veranstaltung ermöglicht wird. Sitzort des Leistungsempfängers, § 3a Abs. 3 Nr. 5 Satz 2 UStG |

**Leistungsort nach § 3a Abs. 4 UStG: Sitzort des Leistungsempfängers**
**Gilt abweichend von § 3a Abs. 1 und 2 UStG, wenn kein Leistungsort nach § 3a Abs. 3 UStG einschlägig ist**
**Voraussetzungen:**
Sonstige Leistung im Sinne von § 3a Abs. 4 UStG,
Empfänger ist weder Unternehmer, für dessen Unternehmen die Leistung bezogen wird, noch eine nicht unternehmerisch tätige juristische Person, der eine UStId-Nr. erteilt worden ist (ansonsten § 3a Abs. 2 UStG) und hat seinen Wohnsitz oder Sitz im Drittlandsgebiet (ansonsten § 3a Abs. 1 UStG).

**Literaturhinweis:** Lehrbuch Umsatzsteuer, Rdn. 227–260

## Sonderfälle des Leistungsortes

| Leistungsort nach § 3a Abs. 5 UStG: Sitzort des Leistungsempfängers. | Leistungsort nach § 3a Abs. 6 UStG: Inland. | Leistungsort nach § 3a Abs. 7 UStG: Drittlandsgebiet. | Leistungsort nach § 3a Abs. 8 UStG: Drittlandsgebiet. | Beförderungsleistungen, § 3b UStG Aufteilungsprinzip, § 3b Abs. 1 UStG: |
|---|---|---|---|---|
| **Gilt abweichend von § 3a Abs. 1 UStG**<br><br>Voraussetzungen:<br><br>– Sonstige Leistung nach § 3a Abs. 5 Satz 2 UStG:<br>Nr. 1: sonstigen Leistungen auf dem Gebiet der Telekommunikation;<br>Nr. 2: Rundfunk- und Fernsehdienstleistungen;<br>Nr. 3: auf elektronischem Weg erbrachten sonstigen Leistungen.<br><br>– Empfänger einer der in Satz 2 bezeichneten sonstigen Leistungen ist<br>Nr. 1: Kein Unternehmer, für dessen Unternehmen die Leistung bezogen wird,<br>Nr. 2: Keine ausschließlich nicht unternehmerisch tätige juristische Person, der eine UStId-Nr. erteilt worden ist,<br>Nr. 3: Keine juristische Person, die sowohl unternehmerisch als auch nicht unternehmerisch tätig ist, bei der die Leistung nicht ausschließlich für den privaten Bedarf des Personals oder eines Gesellschafters bestimmt ist.<br>– Überschreitung der Umsatzgrenze i. S. v. § 3a Abs. 5 Satz 3 UStG bzw. Verzicht auf deren Anwendung § 3a Abs. 5 Satz 4 UStG, wenn leistende Unternehmer seinen Sitz, Geschäftsleistung, Betriebsstätte oder in Ermangelung dieser seinen Wohnsitz oder gewöhnlichen Aufenthalt nur in einem Mitgliedstaat hat. | **Gilt abweichend von § 3a Abs. 1, Abs. 3 Nr. 2, Abs. 4 Satz 1 oder Abs. 5 UStG**<br><br>Voraussetzungen:<br>**Unternehmer betreibt Unternehmen von einem im Drittlandsgebiet liegenden Ort aus und erbringt:**<br>Nr. 1: Sonstige Leistungen nach § 3a Abs. 3 Nr. 2 oder langfristige Vermietung eines Beförderungsmittels<br>oder<br>Nr. 2: sonstige Leistungen nach § 3a Abs. 4 Satz 2 Nr. 1 bis 10 UStG an inländische juristische Person des öffentlichen Rechts,<br>oder<br>Nr. 3: sonstige Leistungen nach § 3a Abs. 5 Satz 2 Nr. 1 und 2 UStG. | **Gilt abweichend von § 3a Abs. 3 Nr. 2 UStG**<br><br>Voraussetzungen:<br>Unternehmer betreibt Unternehmen vom Inland aus und erbringt:<br>– kurzfristige Vermietung eines Schienenfahrzeugs, eines Kraftomnibusses oder eines ausschließlich zur Beförderung von Gegenständen bestimmtes Straßenfahrzeugs<br>– an im Drittlandsgebiet ansässigen Unternehmer<br>und<br>– Fahrzeug ist für dessen Unternehmen bestimmt<br>und<br>– wird im Drittlandsgebiet genutzt. | **Gilt abweichend von § 3a Abs. 2 UStG**<br><br>Voraussetzungen:<br>– Güterbeförderungsleistungen, ein Beladen, Entladen, Umladen oder ähnliche mit Beförderung in Zusammenhang stehende sonstige Leistungen im Sinne von § 3b Abs. 2 UStG, Arbeiten an beweglichen körperlichen Gegenständen, Begutachtung dieser Gegenstände, Reisevorleistungen im Sinne von § 25 Abs. 1 Satz 5 UStG, Veranstaltungen im Zusammenhang mit Messen und Ausstellungen.<br>– Leistung wird im Drittland genutzt oder ausgewertet. | d. h. Beförderungsleistung wird dort ausgeführt, wo die Beförderung tatsächlich bewirkt wird.<br><br>Voraussetzungen:<br>– Personenbeförderung<br>– Güterbeförderung, wenn keine innergemeinschaftliche Güterbeförderung nach § 3b Abs. 2 UStG und Empfänger ist weder Unternehmer, für dessen Unternehmen die Leistung bezogen wird, noch eine nicht unternehmerisch tätige juristische Person, der eine UStId-Nr. erteilt worden ist.<br>Ansonsten § 3a Abs. 2 UStG<br><br>**Abgangsort, § 3b Abs. 3 UStG:**<br>**Voraussetzungen:**<br>– innergemeinschaftliche Güterbeförderung an<br>– Empfänger, der weder Unternehmer ist, für dessen Unternehmen die Leistung bezogen wird, noch eine nicht unternehmerisch tätige juristische Person, der eine UStId-Nr. erteilt worden ist.<br><br>**Damit zusammenhängende sonstige Leistungen, § 3b Abs. 2 UStG:**<br>**Ort der tatsächlichen Leistungserbringung:**<br>Voraussetzungen:<br>– Empfänger ist weder Unternehmer, für dessen Unternehmen die Leistung bezogen wird, noch eine nicht unternehmerisch tätige juristische Person, der eine UStId-Nr. erteilt worden ist. |

**Literaturhinweis:** Lehrbuch Umsatzsteuer, Rdn. 227 – 260

# Werklieferung und Werkleistung

**Bearbeitung und Verarbeitung eines Gegenstandes:**
**zugrunde liegendes Rechtsgeschäft: In der Regel Werkvertrag**

**Werklieferung**
**§ 3 Abs. 4 und 1 UStG**

1. Hersteller des Werks beschafft den gesamten Stoff (Haupt- und Nebenstoffe):
   - Hauptstoffe:
     bestimmen Eigenart des aus ihnen hergestellten Gegenstandes.
   - Nebenstoffe: Zutaten oder sonstige Nebensachen
     Lieferungen, die bei einer Gesamtbetrachtung aus der Sicht des Durchschnittsbetrachters nicht das Wesen des Umsatzes bestimmen.
     Ihr Fehlen hat keinen Einfluss auf das Wesen des Gegenstandes (insb. kleinere technische Hilfsmittel wie Nägel, Schrauben).
2. a) Werkhersteller beschafft Hauptstoffe und
   b) Werkbesteller beschafft alle oder einen Teil der Nebenstoffe (Materialbeistellung).
3. Werkhersteller und Werkbesteller beschaffen jeweils Teile des Hauptstoffes (Materialbeistellung).

Zu 1 – 3:

Jeweils zzgl. Arbeitsleistung und Geräteeinsatz des Werkunternehmers (sog. Leistungsbeistellung).

**Werkleistung**
**§ 3 Abs. 4 und 9 UStG**

1. Werkhersteller verwendet keine Hauptstoffe sondern nur Nebenstoffe und Zutaten bzw. nur seine Werkzeuge (z. B. Reparaturen ohne Materialeinsatz, nur Kleinmaterial).
2. a) Werkhersteller verwendet lediglich Arbeitskraft, Werkzeug oder stellt nur Nebenstoffe und Zutaten.
   b) Besteller des Werks stellt den Hauptstoff (Materialgestellung).

**Werklieferung ist Leistung im Sinne von § 3 Abs. 1 UStG**

**Lieferort:**

- Transport des fertigen Werkes
  § 3 Abs. 6 UStG
- Werklieferung insb. im Zusammenhang mit Grundstücken
  § 3 Abs. 7 Satz 1 UStG

**Beachte:**

Eine **Werk**lieferung liegt nur vor wenn der Werkhersteller für das Werk einen fremden Gegenstand be- oder verarbeitet und dafür selbstbeschaffte Stoffe verwendet, die nicht nur Zutaten oder sonstige Nebensachen sind (ansonsten Lieferung nach § 3 Abs. 1 UStG).

**Werkleistung ist sonstige Leistung im Sinne von § 3 Abs. 9 UStG**

**Leistungsort:**

- Werkleistungen an beweglichen körperlichen Gegenständen:
  Ort der tatsächlichen Leistungserbringung:
  § 3a Abs. 3 Nr. 3a b) UStG.
  *Voraussetzung*: Empfänger ist weder Unternehmer, für dessen Unternehmen die Leistung bezogen wird, noch eine nicht unternehmerisch tätige juristische Person, der eine UStId-Nr. erteilt worden ist (ansonsten § 3a Abs. 2 UStG).
- Werkleistungen im Zusammenhang mit Grundstücken:
  Belegenheitsort: § 3a Abs. 3 Nr. 1c) UStG.

**Literaturhinweis:** Lehrbuch Umsatzsteuer, Rdn. 271 – 290

# Bemessungsgrundlage nach § 10 UStG

## *Bemessungsgrundlage bei Lieferungen und sonstigen Leistungen*

### Grundsatz: Entgelt, § 10 Abs. 1 Satz 1 UStG

Begriff (§ 10 Abs. 1 Satz 2 UStG):
Alles, was den Wert der Gegenleistung bildet, die der leistende Unternehmer vom Leistungsempfänger oder von einem anderen als dem Leistungsempfänger für die Leistung erhält oder erhalten soll, abzüglich der USt.

Auch:
- Nebenkosten, die vom Leistungsempfänger eingefordert werden,
- dem Abnehmer berechnete Beförderungskosten.

Nicht:
- durchlaufende Posten (§ 10 Abs. 1 Satz 5 UStG),
- Vertragsstrafen,
- Verzugs-, Fälligkeits-, Prozesszinsen.

### Tauschgeschäfte, § 10 Abs. 2 Satz 2 UStG

Begriff (§ 3 Abs. 12 UStG):
Leistung wird mit einer anderen Leistung abgegolten.

Bemessungsgrundlage:
Der Wert eines jeden Umsatzes gilt als Entgelt für den anderen Umsatz.

Tausch mit Baraufgabe
(Zuzahlung eines Geldbetrags):
- Beim Zahlungsempfänger:
  Wert der Sachleistung ist um Geldbetrag zu erhöhen.
- Beim Zahlenden:
  Wert der Sachleistung ist um Geldbetrag zu mindern.

### Mindestbemessungsgrundlage, § 10 Abs. 5 UStG

Voraussetzungen:
- Lieferungen und sonstige Leistungen von:
  Nr. 1: insb. Gesellschaft an Gesellschafter
  Einzelunternehmer an nahe stehende Person (vgl. § 15 AO)
  Nr. 2: Unternehmer an sein Personal
- Bemessungsgrundlage nach § 10 Abs. 4 UStG übersteigt Entgelt nach § 10 Abs. 1 UStG.

Entsprechender Wert nach § 10 Abs. 4 UStG ist als Bemessungsgrundlage anzusetzen.
Beachte:
- Höchstens marktübliches Entgelt.
- Übersteigt Entgelt nach § 10 Abs. 1 UStG das marktübliche Entgelt, gilt § 10 Abs. 1 UStG

## *Bemessungsgrundlage bei unentgeltlichen Wertabgaben* *§ 10 Abs. 4 UStG*

### *Insbesondere Lieferungen i. S. v. § 3 Abs. 1b UStG: § 10 Abs. 4 Nr. 1 UStG*

Grundsatz:
aktueller Einkaufspreis (Nettowiederbeschaffungskosten).
Der Wert entspricht weitgehend dem einkommensteuerrechtlichen Teilwert.
Gilt grds. auch bei im eigenen Unternehmen hergestellten Gegenständen.
Ausnahme: Marktpreis für gleichartigen Gegenstand lässt sich nicht ermitteln (z. B. Sonderanfertigungen)
Selbstkosten (Herstellungskosten).
Alle durch den betrieblichen Leistungsprozess bis zum Zeitpunkt der Entnahme entstandenen Kosten.

### *Sonstige Leistungen i. S. v. § 3 Abs. 9a Nr. 1 UStG: § 10 Abs. 4 Nr. 2 UStG*

Bemessungsgrundlage:
die bei der Ausführung des Umsatzes entstandenen Ausgaben, soweit sie zumindest zum teilweisen Vorsteuerabzug berechtigt haben.

Ausgaben:
- laufende Ausgaben,
- Anschaffungs- bzw. Herstellungskosten: Satz 2 ab mind. 500 €:
  Lineare Verteilung entsprechend dem jeweiligen Zeitraum nach § 15a UStG.

### *Sonstige Leistungen i. S. v. § 3 Abs. 9a Nr. 2 UStG: § 10 Abs. 4 Nr. 3 UStG*

Bemessungsgrundlage:
die bei der Ausführung des Umsatzes entstandenen Ausgaben.

Ausgaben:
vgl. § 10 Abs. 4 Nr. 2 UStG.

**Literaturhinweis:** Lehrbuch Umsatzsteuer, Rdn. 616 – 678

# Unentgeltliche Wertabgaben

## Den Lieferungen gegen Entgelt gleichgestellte unentgeltliche Wertabgaben § 3 Abs. 1b UStG

**Nr. 1: Entnahme von Gegenständen**

- Gegenstände i. S. v. § 3 Abs. 1 UStG (vgl. Lieferungen, § 3 Abs. 1 UStG)
- Zugehörigkeit zum Unternehmensvermögen:
  - nicht maßgeblich: Einstufung: Betriebsvermögen – Privatvermögen
  - maßgeblich: bei teilunternehmerisch genutzten einheitlichen Gegenständen: Zuordnungsentscheidung des Unternehmers. Beachte § 15 Abs. 1 Satz 2 UStG!
- Willentliche Wertabgabe: Die Wertabgabe muss mit Wissen und Wollen des Unternehmers erfolgen.
- Außerunternehmerische Zwecke: Aus der Sicht des abgebenden Unternehmens zu beurteilen.

**Nr. 2: Unentgeltliche Zuwendung an Personal**

- Unentgeltliche Leistung: keinerlei Gegenleistung, insbesondere keine Sachzuwendung als Vergütung für geleistete Dienste (Sachlohn).
- an das Personal: Arbeitnehmer des Unternehmers.
- für dessen privaten Bedarf: Nicht, wenn Leistungen überwiegend durch das betriebliche Interesse des Arbeitgebers veranlasst sind.
- keine Aufmerksamkeit: Gelegentliche Zuwendungen, die nach Art und Wert Geschenken entsprechen, die im gesellschaftlichen Verkehr üblicherweise ausgetauscht werden und zu keiner ins Gewicht fallenden Bereicherung führen. (Grenze: brutto 60 €).

**Nr. 3: Andere unentgeltliche Zwecke**

- Für Zwecke des Unternehmens: Insbesondere Werbezwecke, Verkaufsförderung, Imagepflege.
- Ausnahmen: Geschenke von geringem Wert (netto 50 €) oder Warenmuster.

**Beachte § 3 Abs. 1b Satz 2 UStG!** Oben genannte. unentgeltliche Wertabgaben sind nur dann steuerbar, wenn der Gegenstand selbst oder seine Bestandteile zum zumindest teilweisen Vorsteuerabzug berechtigt haben.

**Bestandteile:**

- Nur Lieferung von Gegenständen (keine Dienstleistungen)
- endgültiger Verlust der körperlichen und wirtschaftlichen Eigenart nach Einbau
- dauerhafte, im Zeitpunkt der Entnahme nicht vollständig verbrauchte Werterhöhung. (Beachte: Bagatellgrenze: keine dauerhafte Werterhöhung, wenn nicht mindestens 20 % der Anschaffungskosten oder 1.000 €; Abschn. 3.3. Abs. 4 UStAE.)

**Keine Bestandteile:**

- bei Bezug von Dienstleistungen
- trennbarer oder eigenständiger Gegenstand wird eingebaut
- Lieferungen dienen lediglich der Werterhaltung

## Einer sonstigen Leistung gleichgestellte Umsätze § 3 Abs. 9a UStG

**Nr. 1: Verwendung von Gegenständen**

- Verwendung:
  - für außerunternehmerische Zwecke (vgl. § 3 Abs. 1b Nr. 1 UStG) oder
  - für den privaten Bedarf des Personals, sofern keine Aufmerksamkeit (vgl. § 3 Abs. 1b Nr. 2 UStG)
- Voraussetzung: zumindest teilweiser Vorsteuerabzug für Gegenstand

**Nr. 2: Unentgeltliche Erbringung anderer sonstigen Leistungen**

insbesondere Dienstleistungen
- für außerunternehmerische Zwecke (vgl. § 3 Abs. 1b Nr. 1 UStG) oder
- für den privaten Bedarf des Personals, sofern keine Aufmerksamkeit (vgl. § 3 Abs. 1b Nr. 2 UStG)

## Ort der unentgeltlichen Leistung

**Grundsätzlich § 3 Abs. 7 Satz 1 UStG.**

**Grundsätzlich § 3a Abs. 1 UStG.**

## Steuerbefreiungen und Steuerermäßigungen

Grundsätzlich anwendbar (vgl. § 4 Satz 1 UStG, § 12 Abs. 2 Satz 1 UStG).

Ausnahmen: § 6 Abs. 5 UStG, § 7 Abs. 5 UStG.

# Steuersatz
# § 12 UStG

**Grundsatz**

*Regelsteuersatz*
*(§ 12 Abs. 1 UStG)*
*19 % (ab 1. 1. 2007 bis 30.6.2020)*

*16% (ab 1.7.2020 bis 31.12.2020)*

*19% (ab 1.1.2021)*

**Ausnahme**

*Ermäßigter Steuersatz*
*(§ 12 Abs. 2 UStG)*
*7 % (bis 30.6.2020)*

*5% (ab 1.7.2020 bis 31.12.2020)*

*7% (ab 1.1.2021)*

Insbesondere
§ 12 Abs. 2 Nr. 1 UStG
Lieferung, Einfuhr und innergemeinschaftlicher Erwerb der in Anlage 2 bezeichneten Gegenstände.

Die Gegenstände der Anlage 2 lassen sich in sechs Warengruppen einteilen:
- land- und forstwirtschaftliche Erzeugnisse,
- Futtermittel,
- Lebensmittel und Getränke,
- Verlagserzeugnisse und Erzeugnisse graphischen Gewerbes,
- Körperersatzstücke und ähnliche Gegenstände,
- Kunstgegenstände und Sammlungen.

Nullsteuersatz (§ 12 Abs. 3 UStG)

Photovoltaikanlagen unter den weiteren Voraussetzungen des § 12 Abs. 3 Nr. 1 UStG

**Sonderfall**

*Land- und Forstwirtschaft*
*(§ 24 UStG)*

§ 24 Abs. 1 Nr. 1 UStG: 5,5 %
§ 24 Abs. 1 Nr. 2 UStG: 19,0 %
§ 24 Abs. 1 Nr. 3 UStG: 7,8 %
(ab 1. 1. 2025)

## Entstehung der Steuer
## § 13 UStG

*Vereinbarte Entgelte (Sollversteuerung)*
*§ 16 Abs. 1 Satz 1 UStG*

Grundsatz (§ 13 Abs. 1 Nr. 1a Satz 1 UStG):
Entstehung der USt mit Ablauf des Voranmeldungszeitraums der Leistungsausführung.

Teilleistungen
(§ 13 Abs. 1 Nr. 1a Satz 3, 2 und 1 UStG):
- Leistung, die wirtschaftlich teilbar ist, wird in Teilen geschuldet und bewirkt.
- Entstehung der USt mit Ablauf des Voranmeldungszeitraums der Ausführung der Teilleistung.

Anzahlungen (§ 13 Abs. 1 Nr. 1a Satz 4 UStG):
- Zahlungen vor Leistungsausführung.
- Entstehungen der USt mit Ablauf des Voranmeldungszeitraums der Vereinnahmung.

*Vereinnahmte Entgelte (Istversteuerung)*
*§ 16 Abs. 1 Satz 1 i. V. m. § 20 UStG*

Nur auf Antrag!

Voraussetzungen (§ 20 UStG):
Nr. 1:
Wenn Gesamtumsatz (§ 19 Abs. 3 UStG) von in Nr. 1 genannte Grenze im vorangegangenen Kalenderjahr nicht überschritten hat oder
Nr. 2:
Wenn keine Buchführungspflicht (§ 148 AO) besteht oder
Nr. 3:
Soweit Unternehmer freiberufliche Umsätze nach § 18 Abs. 1 Nr. 1 EStG ausführt.

Entstehung (§ 13 Abs. 1 Nr. 1b UStG):
Mit Ablauf des Voranmeldungszeitraums der Vereinnahmung.

*Sonstige Fälle*

Insbesondere:

Leistungen im Sinne des § 3 Abs. 1b und 9a UStG:
§ 13 Abs. 1 Nr. 2 UStG
Entstehung der USt mit Ablauf des Voranmeldungszeitraums der Leistungsausführung.

In den Fällen des § 14c UStG:
§ 13 Abs. 1 Nr. 3 UStG
Entstehung im Zeitpunkt der Rechnungsausgabe.

Innergemeinschaftlicher Erwerb (§ 1a UStG):
§ 13 Abs. 1 Nr. 6 UStG
Ausstellung der Rechnung, spätestens mit Ablauf des dem Erwerb folgenden Kalendermonats.

Innergemeinschaftlicher Erwerb i. S. v. § 1b UStG:
§ 13 Abs. 1 Nr. 7 UStG
Tag des Erwerbs.

Wechsel der Besteuerungsart

**Beachte:** Umsätze dürfen weder doppelt erfasst noch unversteuert bleiben (§ 20 Satz 3 UStG).

## Berichtigung der USt bzw. Vorsteuer
## § 17 Abs. 1 Satz 1 und 2 UStG

*Nachträgliche Änderung der Bemessungsgrundlage*
*§ 17 Abs. 1 Satz 1 und 2 UStG*
Für Frage, ob Entgeltminderung vorliegt, gilt § 10 UStG: insbesondere Skonti, Boni und Rabatte.

*Uneinbringlichkeit von Forderungen*
*§ 17 Abs. 2 Nr. 1 UStG*
Insbesondere bei Zahlungsunfähigkeit des Schuldners, z. B. bei Insolvenz.

*Nichtausgeführte Leistung*
*§ 17 Abs. 2 Nr. 2 UStG*
Anzahlung vereinnahmt und versteuert – geschuldete Leistung aber nicht ausgeführt.

*Rückgabe*
*§ 17 Abs. 2 Nr. 3 UStG*
Erbrachte Leistung wird rückabgewickelt, z. B. bei Rücktritt.

*Fälle des § 3d Satz 2 UStG*
*§ 17 Abs. 2 Nr. 4 UStG*
Nachweis der Besteuerung im Mitgliedstaat, in dem Beförderung endet, wird erbracht.

*Aufwendungen nach*
*§ 15 Abs. 1a UStG*
*§ 17 Abs. 2 Nr. 5 UStG*
Nachträgliche Verwendungen für Aufwendungen, für die ein Vorsteuerabzug nach § 15 Abs. 1a UStG ausgeschlossen ist.

Berichtigung ist für den Besteuerungszeitraum vorzunehmen, in dem die Änderung eingetreten ist (§ 17 Abs. 1 Satz 8 UStG).

**Literaturhinweis:** Lehrbuch Umsatzsteuer, Rdn. 1021 – 1040, 679 – 688

## Steuerbefreiungen
## § 4 UStG

| Einteilungskriterium für Steuerbefreiungen: Vorsteuerabzug | | |
|---|---|---|
| *Grundsatz: § 15 Abs. 2 Nr. 1 UStG: Ausschlussumsätze*<br>Eingangsumsätze, die zur Ausführung von steuerfreien Ausgangsumsätzen verwendet werden, **berechtigen nicht zum Vorsteuerabzug** (sog. Ausschlussumsätze).<br>Ausschlussumsätze sind insbesondere die **Steuerbefreiungen nach § 4 Nr. 8 – 29 UStG** z. B. § 4 Nr. 14a) UStG (ärztliche und heilberufliche Tätigkeit). | *Ausnahme: § 15 Abs. 3 insb. Nr. 1a UStG: Abzugsumsätze*<br>Der Ausschluss von Vorsteuerabzug gilt insbesondere nicht für die **Steuerbefreiungen nach § 4 Nr. 1 – 7 UStG** (sog. Abzugsumsätze)<br>z. B. § 4 Nr. 1a) UStG (Ausfuhrlieferung und Lohnveredelung) und § 4 Nr. 1b) UStG (innergemeinschaftliche Lieferung). | *Ausnahme: Verzicht auf Steuerbefreiung, § 9 UStG: Abzugsumsätze*<br>Durch den Verzicht auf die Steuerbefreiung nach § 9 UStG wird der **Umsatz steuerpflichtig** und berechtigt daher zum Vorsteuerabzug (sog. Abzugsumsatz).<br>Verzicht ist nach § 9 Abs. 1 UStG möglich<br>- bei den steuerfreien Grundstücksumsätzen nach § 4 Nr. 9a und § 4 Nr. 12 UStG,<br>- bei den Steuerbefreiungen nach § 4 Nr. 8a) – g), Nr. 13 und Nr. 19 UStG. |

## Verzicht auf Steuerbefreiungen
## § 9 UStG

| *Voraussetzungen § 9 Abs. 1 UStG* | *Einschränkungen § 9 Abs. 2 UStG* | *Einschränkung § 9 Abs. 3 UStG* |
|---|---|---|
| • Umsatz im Sinne des § 9 Abs. 1 UStG insbesondere Grundstücksumsätze (§ 4 Nr. 12, Nr. 9a UStG)<br>• durch Unternehmer gem. § 2 UStG (kein Kleinunternehmer, § 19 Abs. 1 Satz 2 UStG)<br>• an einen anderen Unternehmer<br>• für dessen Unternehmen. | Bei bestimmten Grundstücksumsätzen (insbesondere § 4 Nr. 12a) UStG) ist die Option **nur zulässig,** soweit Leistungsempfänger das Grundstück ausschließlich (d. h. mindestens 95 %) für Abzugsumsätze verwendet oder zu verwenden beabsichtigt.<br>**Beachte:** Übergangsregelung (§ 27 Abs. 2 UStG)! | • Grundstückslieferungen im Zwangsversteigerungsverfahren (zeitliche Begrenzung der Optionsmöglichkeit).<br>• Für andere Umsätze i. S. v. § 4 Nr. 9a UStG: Option nur im notariellen Vertrag (§ 311b BGB). |

**Literaturhinweis:** Lehrbuch Umsatzsteuer, Rdn. 441 – 604

# Unrichtiger Steuerausweis und unberechtigter Steuerausweis
# § 14c UStG

## § 14c Abs. 1 UStG: Unrichtiger Steuerausweis

*Voraussetzungen*

- Unternehmer, der grundsätzlich zum Steuerausweis berechtigt ist
- weist in einer Rechnung
- für eine Leistung
- die nicht an einen Endverbraucher erfolgt
- einen zu hohen Steuerbetrag aus.

*Fallgruppen*

- Für einen steuerpflichtigen Umsatz wird eine höhere als dafür geschuldete Steuer ausgewiesen (insb. Regelsteuersatz statt ermäßigten Steuersatz).
- Für steuerpflichtige Leistungen in den Fällen der Steuerschuldnerschaft des Leistungsempfängers wird USt in Rechnung gestellt.
- Für einen steuerfreien Umsatz wird USt in Rechnung gestellt (z. B. fehlgeschlagene Option).
- Für bestimmte nicht steuerbare Umsätze (unentgeltliche Leistungen, Leistungen im Ausland, Geschäftsveräußerungen nach § 1 Abs. 1a UStG) wird Steuer in Rechnung gestellt.
- Für nicht versteuerte steuerpflichtige Leistungen, für die Steuer wegen Ablaufs der Festsetzungsfrist (§§ 169 – 171 AO) nicht mehr erhoben werden kann, wird Steuer in Rechnung gestellt.

*Rechtsfolgen*

- Rechnungsaussteller schuldet:
  1. reguläre USt nach § 10 Abs. 1 i. V. m. § 12 UStG und
  2. den Mehrbetrag nach § 14c Abs. 1 UStG.
- Korrekturmöglichkeit (§ 14c Abs. 1 Satz 2 i. V. m. § 17 Abs. 1 UStG).
- Entstehung (§ 13 Abs. 1 Nr. 3 UStG).

## § 14c Abs. 2 UStG: Unberechtigter Steuerausweis

*Voraussetzung*

Keine Berechtigung zum Steuerausweis

*Fallgruppen*

- Unternehmer erteilt Rechnung mit Steuerausweis, obwohl er eine Leistung nicht ausführt, z. B. Schein- oder Gefälligkeitsrechnungen oder in den Fällen des Schadensersatzes.
- Unrichtige Leistungsbezeichnung: Statt der erbrachten Leistung, wird eine andere, nicht erbrachte Leistung abgerechnet.
- „Außerunternehmerische Leistung“: Unternehmer erteilt Rechnung mit Steuerausweis für eine Leistung, die er nicht im Rahmen seines Unternehmens ausführt.
- Nichtunternehmer weist in einem Dokument einen Steuerbetrag gesondert aus.

*Rechtsfolgen*

- Rechnungsaussteller schuldet die unberechtigt ausgewiesene Steuer nach § 14c Abs. 2 UStG.
- Korrekturmöglichkeit nach § 14c Abs. 2 Satz 3 und 4 UStG nur soweit Gefährdung des Steueraufkommens beseitigt worden ist.
- Verfahren (§ 14c Abs. 2 Satz 5 UStG).
- Entstehung (§ 13 Abs. 1 Nr. 3 UStG).

# Der Vorsteuerabzug
## § 15 UStG

### Vorsteuerabzug dem Grunde nach § 15 Abs. 1 UStG

Der Unternehmer kann folgende Vorsteuerbeträge abziehen:

Nr. 1:
Vorsteuerabzug aus Rechnungen

Nr. 2:
Abzug der entstandenen Einfuhrumsatzsteuer

Nr. 3:
Abzug der USt für den innergemeinschaftlichen Erwerb

Nr. 4:
Abzug der USt, die der Unternehmer als Leistungsempfänger gemäß § 13b Abs. 1 UStG schuldet

Nr. 5:
Abzug der nach § 13a Abs. 1 Nr. 6 UStG geschuldeten Steuer

**Beachte:**
Unternehmerische Mindestnutzung von 10 % nach § 15 Abs. 1 Satz 2 UStG!

### Ausschluss vom Vorsteuerabzug, § 15 Abs. 1a UStG

Nicht abzugsfähige Aufwendungen nach § 4 Abs. 5 Satz 1 Nr. 1 – 4, Abs. 7 und § 12 Nr. 1 EStG:
Ausschluss für bestimmte Aufwendungen, die nicht streng geschäftlich sind, der Repräsentation dienen oder die Lebensführung berühren.

*In diesem Zusammenhang:*

- § 17 Abs. 2 Nr. 5 UStG Korrektur bei nachträglicher Verwendung für Aufwendungen i. S. v. § 15 Abs. 1a UStG.
- § 4 Nr. 28 UStG Steuerbefreiung bei Veräußerung von Gegenständen i. S. v. § 15 Abs. 1a UStG.

### Ausschluss vom Vorsteuerabzug § 15 Abs. 1b UStG

Unternehmer verwendet Grundstück sowohl für Zwecke seines Unternehmens als auch für Zwecke, die außerhalb des Unternehmens liegen, oder für den privaten Bedarf seines Personals:

Die Umsatzsteuer für die Lieferungen, die Einfuhr und den innergemeinschaftlichen Erwerb, sowie für die sonstigen Leistungen im Zusammenhang mit diesem Grundstück ist vom Vorsteuerabzug ausgeschlossen, soweit sie nicht auf die Verwendung des Grundstücks für Zwecke des Unternehmens entfällt.

Beachte:

Übergangsregelung, § 27 Abs. 16 UStG.

### Ausschluss vom Vorsteuerabzug § 15 Abs. 2 i. V. m. Abs. 3 UStG

*Grundsatz*
(§ 15 Abs. 2 Nr. 1 UStG)

- Eingangsumsätze, die zur Ausführung von steuerfreien Ausgangsumsätzen verwendet werden, berechtigen nicht zum Vorsteuerabzug (sog. Ausschlussumsätze).
- Ausschlussumsätze sind insbesondere die Steuerbefreiungen nach § 4 Nr. 8 – 29 UStG.

*Ausnahme*
(§ 15 Abs. 3, insb. Nr. 1a) UStG)
Der Ausschluss von Vorsteuerabzug gilt insbesondere nicht für die Steuerbefreiungen nach § 4 Nr. 1 – 7 UStG (sog. Abzugsumsätze).

### Vorsteueraufteilung § 15 Abs. 4 UStG

Maßgeblich für den Umfang des Vorsteuerabzugs ist die durch objektive Anhaltspunkte belegte Verwendungsabsicht im Zeitpunkt des Leistungsbezugs.

*Voraussetzungen für Vorsteueraufteilung*
Eingangsumsatz wird sowohl für Ausschluss- als auch für Abzugsumsätze verwendet.

*Folge*
Der Teil der Vorsteuerbeträge, der den Ausschlussumsätzen zuzurechnen ist, ist nicht abziehbar.

*Aufteilungskriterium*

- Grundsatz der wirtschaftlichen Zurechnung.
- Sachgerechte Schätzung ist zulässig (§ 15 Abs. 4 Satz 2 UStG).
- Eine Aufteilung nach dem Verhältnis der Umsätze ist nur zulässig, wenn keine andere wirtschaftliche Zurechnung möglich ist (§ 15 Abs. 4 Satz 3 UStG).

**Literaturhinweis:** Lehrbuch Umsatzsteuer, Rdn. 861 – 972

## Vorsteuerabzug aus Rechnungen (§ 15 Abs. 1 Nr. 1 UStG)

*Voraussetzungen*

1. Rechnungs- bzw. Leistungsempfänger ist Unternehmer
   Unternehmer nach § 2 UStG.

2. Leistender ist Unternehmer
   Unternehmer nach § 2 UStG und erbringt die Leistung im Rahmen seines Unternehmens.

3. USt gesetzlich geschuldet
   Die in Rechnung gestellte USt muss für den berechneten Umsatz geschuldet werden, d. h. keine Steuer, die nach § 14c Abs. 1 bzw. Abs. 2 UStG geschuldet wird.

4. Rechnung nach §§ 14, 14a UStG, § 15 Abs. 1 Satz 2 UStG,
   in der die obligatorischen Rechnungsangaben (§ 14 Abs. 4 und ggf. § 14a UStG) vollständig und richtig enthalten sind.

5. Die Leistung muss grundsätzlich ausgeführt sein,
   Ausnahme (§ 15 Abs. 1 Nr. 1 Satz 3 UStG): Vorsteuerabzug bei Zahlung vor Leistungsausführung.

6. Die Leistung muss für das Unternehmen bezogen sein
   - Leistung wird ausschließlich für Unternehmer bezogen: Zuordnungsgebot
     → voller Vorsteuerabzug.
   - Leistung wird ausschließlich für nichtunternehmerischen Bereich bezogen: Zuordnungsverbot
     → kein Vorsteuerabzug.
   - Leistung wird sowohl für das Unternehmen als auch für den nichtunternehmerischen Bereich bezogen (teilunternehmerische Verwendung).
     Bei Lieferung vertretbarer Sachen sowie bei sonstigen Lieferungen
     → Aufteilungsgebot
     Bei Lieferung einheitlicher Gegenstände
     (Beachte: Unternehmerische Mindestnutzung von 10 %, § 15 Abs. 1 Satz 2 UStG)
     Teilunternehmerische nichtwirtschaftliche Verwendung im engeren Sinne:
     → Kein Wahlrecht zur vollen Zuordnung, sondern grundsätzlich Aufteilungsgebot.
     Teilunternehmerisch unternehmensfremde Verwendung:
     → Wahlrecht des Unternehmers:
     a) Regelfall: Zuordnung zum Unternehmen
        → Voller Vorsteuerabzug, Besteuerung der nichtunternehmerischen Verwendung (§ 3 Abs. 9a Nr. 1 UStG).
     b) Ausnahme: Zuordnung zum nichtunternehmerischen Bereich
        → Kein Vorsteuerabzug.
     c) Ausnahme: Zuordnung nur des unternehmerisch genutzten Teils zum Unternehmen
        → Abzug nur der auf diesen Teil entfallenden Vorsteuerbeträge.

7. USt nach deutschem UStG
   Nur USt, die nach deutschen UStG geschuldet wird, kann nach § 15 Abs. 1 Nr. 1 UStG als Vorsteuer abgezogen werden (insb. keine USt die nach § 14c UStG geschuldet wird).

## Abzug der EUSt (§ 15 Abs. 1 Nr. 2 UStG)

*Voraussetzungen*

1. Einfuhr nach § 1 Abs. 1 Nr. 4 UStG
   Ein Drittlandsgegenstand wird ins Inland verbracht und hier in den zoll- und steuerrechtlich freien Verkehr überführt.

2. Einfuhr für das Unternehmen
   Maßgebend ist, wer im Zeitpunkt der Überführung in den zoll- und steuerrechtlich freien Verkehr die Verfügungsmacht über den Gegenstand besitzt.

3. Entstehung der EUSt

4. Nachweis durch zollamtlichen Beleg

# Berichtigung des Vorsteuerabzugs
# § 15a UStG

## Korrekturfähige Leistungsbezüge

*Investitionsgüter (§ 15a Abs. 1 UStG)*
Wirtschaftsgüter (WG), die nicht nur einmalig zur Ausführung von Umsätzen verwendet werden. Das sind insbesondere WG, die einkommensteuerrechtlich Anlagevermögen darstellen.

*„Umlaufvermögen" (§ 15a Abs. 2 UStG)*
Alle WG, die nur einmalig zur Ausführung eines Umsatzes verwendet werden. Das sind insbesondere die WG, die einkommensteuerrechtlich Umlaufvermögen darstellen.
*Leistungsbezüge nach § 15a Abs. 3 UStG*
- Gegenstand geht nachträglich in anderes WG ein und verliert dabei endgültig seine körperliche und wirtschaftliche Eigenart oder
- Ausführung einer sonstigen Leistung an einem Gegenstand.

(einkommensteuerrechtlich regelmäßig Erhaltungsaufwendungen).

*Andere sonstige Leistungen (§ 15a Abs. 4 UStG),*
die von § 15a Abs. 3 UStG nicht erfasst sind.

*Nachträgliche Anschaffungs- oder Herstellungskosten (§ 15a Abs. 6 UStG)*

## Voraussetzungen für die Berichtigung

Die Voraussetzungen für den Vorsteuerabzug nach § 15 Abs. 1 UStG müssen für den ursprünglichen Vorsteuerabzug vorgelegen haben.
- Bei Leistungsbezug ist sowohl dem Grunde als auch der Höhe nach abschließend über Vorsteuerabzug zu entscheiden.
- Die Vorsteuer muss im Zeitpunkt des Leistungsbezugs dem Grunde nach (§ 15 Abs. 1 UStG) abziehbar gewesen sein.

Änderung der für den ursprünglichen Vorsteuerabzug maßgebenden Verhältnisse, insbesondere
- anderes Aufteilungsverhältnis nach § 15 Abs. 4 UStG,
- Wechsel der Besteuerungsform nach § 15a Abs. 7 UStG,
- Entnahme nach § 3 Abs. 1b Satz 2 UStG und § 15a Abs. 3 Satz 2 UStG.
- Änderung der Verwendung im Sinne des § 15 Abs. 1b UStG (§ 15a Abs. 6a UStG).

## Durchführung der Berichtigung

*Investitionsgüter (§ 15a Abs. 1 UStG) und sonstige Leistungen (§ 15a Abs. 3 und 4 UStG), soweit sie mehrmals zur Erzielung von Einkünften verwendet werden (§ 15a Abs. 5 UStG).*

→ Berichtigungszeitraum (§ 15a Abs. 1 UStG):
- Grundstücke und Gebäude: maximal 10 Jahre (§ 15a Abs. 1 Satz 2 UStG),
- sonstige Wirtschaftsgüter: maximal 5 Jahre (§ 15a Abs. 1 Satz 1 UStG),
- kürzerer Berichtigungszeitraum möglich (§ 15a Abs. 5 Satz 2 UStG).

→ Berichtigung „pro-rata-temporis":
Berichtigung erfolgt in jedem Jahr der Änderung erneut hinsichtlich der auf dieses Jahr entfallenen Vorsteuer. Vergleich: Vorsteuerbetrag des jeweiligen Kalenderjahres im Berichtigungszeitraum mit ursprünglichen Vorsteuerabzug.

→ Veräußerung/Entnahme (§ 15a Abs. 8 und 9 UStG).

*„Umlaufvermögen" (§ 15a Abs. 2 UStG)*
- vom ursprünglichen Vorsteuerabzug abweichende tatsächliche Verwendung
- Berichtigung im Besteuerungszeitraum der Verwendung.

**Beachte**: Vereinfachungsregelungen (§ 44 UStDV)

**Literaturhinweis:** Lehrbuch Umsatzsteuer, Rdn. 973 – 1003

# Innergemeinschaftlicher Erwerb
# § 1 Abs. 1 Nr. 5 UStG

## Grundfall
§ 1a Abs. 1 UStG

1. Lieferung vom übrigen Gemeinschaftsgebiet ins Inland (§ 1a Abs. 1 Nr. 1 UStG):
   - Lieferung im Sinne von § 3 Abs. 1 UStG,
   - immer bewegte Lieferung i. S. v. § 3 Abs. 6 UStG;
2. Erwerber ist Unternehmer, der Gegenstand für sein Unternehmen erwirbt (§ 1a Abs. 1 Nr. 2a) UStG) oder juristische Person i. S. v. § 1a Abs. 1 Nr. 2b) UStG;
3. Lieferung durch Unternehmer gegen Entgelt im Rahmen seines Unternehmens.

## Innergemeinschaftliches Verbringen
§ 1a Abs. 2 UStG

Verbringen (unternehmensinterner Vorgang):
Unternehmer
bringt Gegenstand seines Unternehmens
nicht nur vorübergehend
vom Gebiet eines Mitgliedstaates
zu seiner Verfügung
ins Inland.

Verbringen gilt als innergemeinschaftlicher Erwerb gegen Entgelt (§ 1a Abs. 2, § 1 Abs. 1 Nr. 5 UStG).

## Innergemeinschaftlicher Erwerb neuer Fahrzeuge
§ 1b UStG

1. Begriff „Fahrzeug“ (§ 1b Abs. 2 UStG);
2. Begriff „neu“ (§ 1b Abs. 3 UStG);
3. Personenkreis:
   - Nichtunternehmer (§ 1b Abs. 1 i. V. m. § 1a Abs. 1 Nr. 2 UStG) oder
   - Unternehmer, der für seinen nichtunternehmerischen Bereich erwirbt (§ 1b Abs. 1 i. V. m. § 1a Abs. 1 Nr. 2 UStG);
4. Voraussetzungen des § 1a Abs. 1 Nr. 1 UStG sind erfüllt (§ 1b Abs. 1 UStG).

## Die „Exotenregelung“ nach § 1a Abs. 3 UStG

1. Kein innergemeinschaftlicher Erwerb
   Nr. 1:
   - Erwerber ist Unternehmer und führt ausschließlich Ausschlussumsätze aus oder
   - Erwerber ist Land- und Forstwirt (§ 24 UStG) oder
   - Erwerber ist juristische Person im Sinne von § 1a Abs. 1 Nr. 2b UStG und

   Nr. 2:
   Erwerbschwelle wird nicht überschritten.
2. Ausnahme (§ 1a Abs. 5 UStG)
   Die Exotenregelung gilt nicht für den Erwerb neuer Fahrzeuge und verbrauchsteuerpflichtiger Waren.
3. Option (§ 1a Abs. 4 UStG)
   Auf Anwendungen der Exotenregelung kann verzichtet werden.

## Ort (§ 3d UStG)

## Steuerbefreiung (§ 4b insbesondere Nr. 4 UStG)

| Grundfall | Innergemeinschaftliches Verbringen | Neue Fahrzeuge |
|---|---|---|
| Bemessungsgrundlage § 10 Abs. 1 UStG | Bemessungsgrundlage § 10 Abs. 4 Nr. 1 UStG | Bemessungsgrundlage § 10 Abs. 1 UStG |
| Entstehung (§ 13 Abs. 1 Nr. 6 UStG)<br>Grundsatz: Rechnungsausstellung<br>Spätestens: Ablauf des dem Erwerb folgenden Kalendermonats<br>Steuerschuldner (§ 13a Abs. 1 Nr. 2 UStG): Erwerber | Entstehung (§ 13 Abs. 1 Nr. 6 UStG)<br>Spätestens: Ablauf des dem Erwerb folgenden Kalendermonats<br>Steuerschuldner (§ 13a Abs. 1 Nr. 2 UStG): Erwerber | Entstehung (§ 13 Abs. 1 Nr. 7 UStG)<br>Tag des Erwerbs<br>Verfahren (§§ 16 Abs. 5a, 18 Abs. 5a UStG): Fahrzeugeinzelbesteuerung |
| Vorsteuerabzug (§ 15 Abs. 1 Nr. 3 UStG)<br>Beachte: § 15 Abs. 1 Satz 2: 10 % Grenze und § 15 Abs. 1a – 4 UStG. | | Kein Vorsteuerabzug |

**Literaturhinweis:** Lehrbuch Umsatzsteuer, Rdn. 183 – 197; 924 – 926; 1035 – 1036; 1076

# Innergemeinschaftliche Lieferung

## Grundfall
**§ 4 Nr. 1b) i. V. m. § 6a UStG**

Lieferung (§ 3 Abs. 1, § 1 Abs. 1 Nr. 1 UStG)

## Innergemeinschaftliches Verbringen
**§ 3 Abs. 1a UStG**

Verbringen (vgl. innergemeinschaftlicher Erwerb): vom Inland ins übrige Gemeinschaftsgebiet.

Verbringen gilt als Lieferung gegen Entgelt (§ 3 Abs. 1a, § 1 Abs. 1 Nr. 1 UStG).

## Innergemeinschaftliche Lieferung neuer Fahrzeuge

1. Neue Fahrzeuge (§ 1b Abs. 2 und 3 UStG);
2. Personenkreis: (vgl. § 1b Abs. 1 i. V. m. § 1a Abs. 1 Nr. 2 UStG);
3. Lieferung (§ 3 Abs. 1 UStG) vom Inland ins übrige Gemeinschaftsgebiet → Unternehmerfiktion (§ 2a UStG).

Ort (§ 3 Abs. 6 Satz 1 UStG): Inland

Steuerbarkeit (§ 1 Abs. 1 Nr. 1 UStG)

### Grundfall

Steuerbefreiung (§ 4 Nr. 1b i. V. m. § 6a UStG)

- Ordnungsgemäße Zusammenfassende Meldung (§ 18a UStG).
- Voraussetzugen (§ 6a Abs. 1 UStG)
  Nr. 1: Versendung bzw. Beförderung durch Unternehmer bzw. Abnehmer ins übrige Gemeinschaftsgebiet.
  Nr. 2 insbes. a): Abnehmer ist Unternehmer und erwirbt für sein Unternehmen.
  Nr. 3: Besteuerung des Erwerbs im übrigen Gemeinschaftsgebiet.
  Nr. 4: Verwendung einer von einem anderen Mitgliedstaat erteilten, gültigen UStId-Nr.
- Nachweis (§ 6a Abs. 3 UStG i. V. m. §§ 17a – c UStDV)

Bemessungsgrundlage § 10 Abs. 1 UStG

Rechnungsstellung

Insbesondere

- Hinweis auf Steuerbefreiung (§ 14 Abs. 4 Nr. 8 UStG) und
- Angabe der UStId-Nr. (§ 14a Abs. 3 UStG)

### Innergemeinschaftliches Verbringen

Steuerbefreiung (§ 4 Nr. 1b i. V. m. § 6a Abs. 2 UStG)

Bemessungsgrundlage § 10 Abs. 4 Nr. 1 UStG

### Innergemeinschaftliche Lieferung neuer Fahrzeuge

Steuerbefreiung (§ 4 Nr. 1b i. V. m. § 6a UStG)

Insbesondere § 6a Abs. 1 Nr. 2c UStG

Bemessungsgrundlage § 10 Abs. 1 UStG

Rechnungsstellung

Insbesondere

§ 14a Abs. 3 Satz 3, 4 und 1 UStG
§ 14a Abs. 4 UStG

Meldepflicht für Fahrzeuglieferer (§§ 18c und 2a UStG)

### Vorsteuerabzug (§ 15 Abs. 1 UStG)

Kein Ausschluss nach § 15 Abs. 2 Nr. 1 UStG, § 15 Abs. 3 Nr. 1a i. V. m. § 4 Nr. 1b UStG.

### Vorsteuerabzug (§ 15 Abs. 4a UStG)

Nr. 1: Nur auf Fahrzeug entfallende Steuer,
Nr. 2: Höchstbetrag,
Nr. 3: Erst im Zeitpunkt der Weiterlieferung.

# Leistungsempfänger als Steuerschuldner
# § 13b UStG

**Anwendungsbereich**
**§ 13b Abs. 1 UStG**

Leistender ist im **übrigen Gemeinschaftsgebiet** ansässiger Unternehmer (§ 13b Abs. 7 Satz 2 UStG) und erbringt eine nach § 3a Abs. 2 UStG im Inland steuerpflichtige sonstige Leistung.

**§ 13b Abs. 2 UStG: insbesondere**

Nr. 1: Leistender ist im Ausland ansässiger Unternehmer (§ 13b Abs. 4 UStG) und erbringt im Inland steuerpflichtige Werklieferung (§ 3 Abs. 4 Satz 1 UStG) oder sonstige Leistung (§ 3 Abs. 9 UStG).
Nr. 2: Lieferung sicherungsübereigneter Gegenstände durch Sicherungsgeber an Sicherungsnehmer außerhalb des Insolvenzverfahrens.
Nr. 3: Steuerpflichtige Umsätze, die unter das GrEStG fallen.
Nr. 4: Bestimmte Bauleistungen: Werklieferungen und sonstige Leistungen, die der Herstellung, etc. von Bauwerken dienen, mit Ausnahme von Planungs- und Überwachungsleistungen.
Nr. 7: Lieferung der in der Anlage 3 bezeichneten Gegenstände (Schrott).
Nr. 8: Reinigen von Gebäuden und Gebäudeteilen.
Nr. 10: Lieferung von Mobilfunkgeräten, Tablet-Computern etc., wenn Entgelt im Rahmen eines wirtschaftlichen Vorgangs mindestens 5.000 € beträgt
Nr. 11: Lieferung der in der Anlage 4 bezeichneten Gegenstände (Metalle), wenn Entgelt im Rahmen eines wirtschaftlichen Vorgangs mindestens 5.000 € beträgt.

→ **Voraussetzungen**

In den Fällen des § 13b Abs. 1 und Abs. 2 Nr. 1 – 3 UStG:
Leistungsempfänger ist Unternehmer oder juristische Person (§ 13b Abs. 5 Satz 1 1. HS UStG).
In den Fällen des § 13b Abs. 2 Nr. 4 (bzw. Nr. 8) UStG:
Leistungsempfänger schuldet die USt unabhängig davon, ob er sie für eine von ihm erbrachte Leistung im Sinne des § 13b Abs. 2 Nr. 4 Satz 1 (bzw. Nr. 8 Satz 1) UStG verwendet, wenn er ein Unternehmer ist, der nachhaltig entsprechende Leistungen erbringt, § 13b Abs. 5 Satz 2 (bzw. Satz 5) UStG.
In den Fällen des § 13b Abs. 2 Nr. 7, 10 und 11 UStG:
Leistungsempfänger ist Unternehmer (§ 13b Abs. 5 Satz 1 2. HS UStG).
§ 13b UStG gilt auch, wenn Leistungen für den nichtunternehmerischen Bereich bezogen werden, § 13b Abs. 5 Satz 7 UStG.
Beachte: 13b Abs. 5 Satz 10 UStG.

→ **Ausnahmen**

Kein § 13b UStG
- bei bestimmten Personenbeförderungen (§ 13b Abs. 6 Nr. 1 – 3 UStG)
- bei bestimmten Leistungen im Zusammenhang mit Messen, Ausstellungen und Kongressen im Inland (§ 13b Abs. 6 Nr. 4 und 5 UStG)
- bei bestimmten Restaurationsleistungen ( § 13b Abs. 6 Nr. 6)

→ **Folge**

Leistungsempfänger schuldet Steuer (§ 13b Abs. 5 Satz 1 UStG).

→ **Entstehung**

**- § 13b Abs. 1 UStG: Mit Ablauf des Voranmeldungszeitraums der Leistungsausführung**
- § 13b Abs. 2 Satz 1 UStG: Mit Ausstellung der Rechnung, spätestens mit Ablauf des der Leistungsausführung folgenden Kalendermonats.
- Dauerleistungen: § 13b Abs. 3 UStG
- Teilleistungen: § 13b Abs. 4 Satz 1 i. V. m. § 13 Abs. 1 Nr. 1a Satz 2 u. 3 UStG
- Anzahlungen: § 13b Abs. 4 Satz 2 UStG

→ **Bemessungsgrundlage**

Rechnungsbetrag (ohne USt).

→ **Rechnungserteilung**
**§ 14a Abs. 5 UStG**

Insbesondere Betrag ohne USt.

→ **Vorsteuerabzug**
**§ 15 Abs. 1 Nr. 4 UStG**
Insbesondere Vorsteuerabzug im Voranmeldungszeitraum der Versteuerung.

Soweit Zahlungen vor Leistungsausführung:
Vorsteuer abziehbar, wenn Zahlung geleistet worden ist.

**Literaturhinweis:** Lehrbuch Umsatzsteuer, Rdn. 1084 – 1107

# Kleinunternehmer
# § 19 Abs. 1 UStG

**Voraussetzungen**
**§ 19 Abs. 1 Satz 1 UStG**

Vorjahresumsatz max. 25 000 € und Umsatz des laufenden Jahres max. 100 000 €.

→

**Besonderheiten**

Umsatz im Sinne von § 19 Abs. 1 Satz 1 UStG

- Gesamtumsatz nach § 19 Abs. 2 Satz 1 UStG,
- berechnet nach vereinnahmten Entgelten,
- abzgl. Umsätze mit Wirtschaftsgütern des Anlagevermögens (§ 19 Abs. 2 Satz 2 UStG).

*Neugründungen*
- Umsatz max. 25.000 €.

→

**Folgen**

Die Umsätze des Kleinunternehmers sind steuerfrei (§ 19 Abs. 1 Satz 1 UStG).

*Einschränkungen (§ 19 Abs. 1 Satz 4 UStG)*

- keine Steuerbefreiung (§ 4 Nr. 1b) i. V. m. § 6 UStG),
- keine Option (§ 9 UStG),
- keine Angabe der UStId-Nr. (§ 14a Abs. 1, 3, 7 UStG),

→

**Option zur Regelbesteuerung**
**§ 19 Abs. 3 UStG**
*Frist:* Möglich bis zur Unanfechtbarkeit der Steuerfestsetzung (§ 19 Abs. 3 Satz 1 UStG).
Bindung: für mindestens fünf Kj.

**Literaturhinweis:** Lehrbuch Umsatzsteuer, Rdn. 1123 – 1132